아직
늦지 않다

아직 늦지 않다

이도연 제4시집

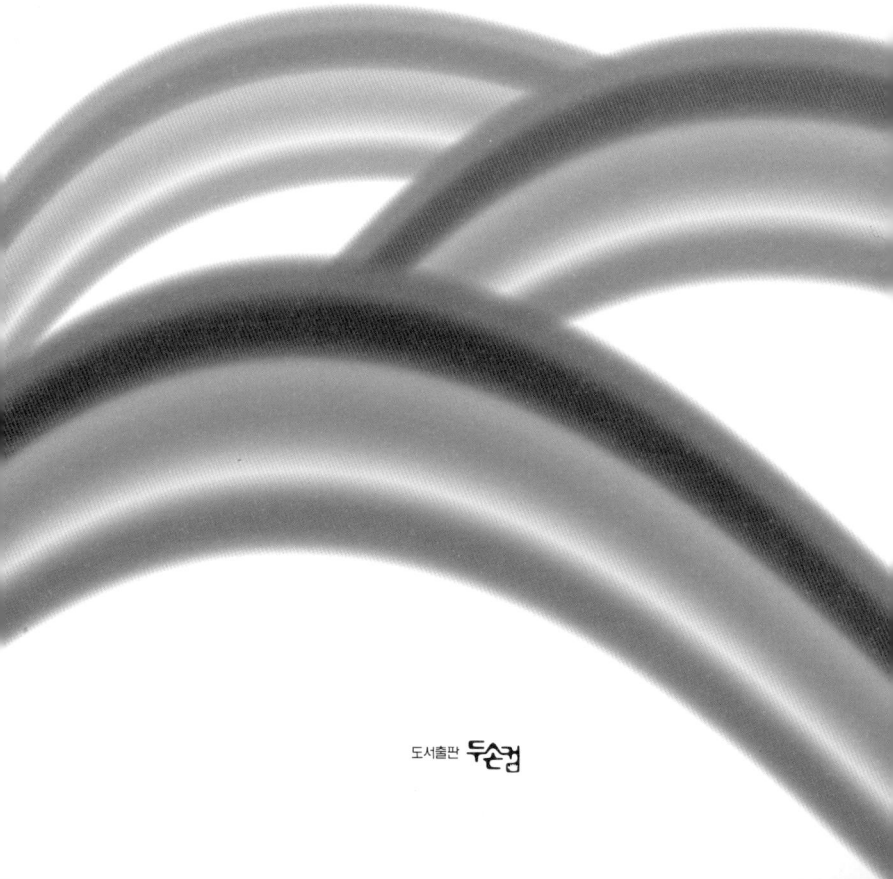

도서출판 두손컴

| 작가의 말 |

볼모 된 뛰는 세월 압박감에
쟁어 둔, 태어난 김에 하고 싶은 것 중 첫 간택
짭짤한 시어 찾아 백 리 길
알곡 한 톨 없는 허송한 갱죽이다
한계에 무릎 꿇어
얼추 살자, 몽환에 천일염 세게 뿌렸다

종종 이용하는 버스 정류장
"잠은 무덤에서 실컷"
이 글귀 보고도 무심했는데
순간 그렇지
아직 늦지 않다
범람한 문학인 환경과 정신적 여유 탓
고립을 자초
시어 생산과 끼를 방치한 예술인 수두룩하다
맛있게 익을 때까지 무한 토렴
나태 흔들어 깨워 다시 뛰는 거다

2024년 가을

知山 이 도 연

| 차례 |

작가의 말 — 5

1부

2024 사나이 길 — 13
포란 비토 — 14
동행 — 15
윤슬의 바다 — 16
가고 오는 해 — 17
위험한 상상 — 18
사는 맛 — 19
무심의 바다 — 20
이사 가던 날 — 21
위로가 고픈 사람들 — 22
댕댕이 부고 — 23
통도사 팔상도 — 24
두 개의 거미집 — 25
법관의 꽃 — 26
억겁 인연 — 27

2부

초파일 연등 — 31
동물의 세계 — 32
신해년 스무사흘 — 33
첫 기일 — 34
산업 재해 — 35
쫄면과 상견례 — 36
횡성 횡사 — 37
방심 — 38
생일 — 39
실종한 주례사 — 40
고백 — 41
내 친구 — 42
사부곡 — 43
우리 동네 최 반장 — 44
울며 헤진 부산항 — 45

3부

아직 늦지 않다 — 49
다대포 — 50
만남 — 51
불후의 이별 — 52
유년이 익다 — 53
성찰 — 54
겁쟁이 아픈 과거 — 55
다시 뛰어보자 — 56
행복을 주는 쌀나무 — 57
가버린 사랑 — 58
2017의 역류, 탄핵 — 59
발신 — 60
바다도 울었다 — 61
엄마의 전설 — 62
멀고 먼 길 — 63

4부

사후 월북한 금순이 — 67
불자 상속 — 68
여우의 달변 — 69
인디언 기우제 — 70
흔적 — 71
누구나 떠나는 길 — 72
일 등급 병원 — 73
자갈치 생선 모둠 구이 — 74
외로운 나목 — 75
그러지 마세요, 후회합니다 — 76
무효 처리 — 77
운명 — 78
아내의 남자 — 79
대물림 — 80
역사가 머문 곳 — 81

5부

그믐의 벽파 ― 85
우선 멈춤 ― 86
빛과 그림자 ― 87
태수 최치원 ― 88
성지로74번길 ― 89
삼대의 통도사 ― 90
원시가 낙원 ― 91
완벽은 불치다 ― 92
태생 ― 93
문동 별곡 ― 94
붕어 방생 ― 95
동해 연가 ― 96
미로 ― 97
꿈은 진행 중이다 ― 98
백 년 일기 ― 99
사랑의 잔해 ― 100

1부

2024 사나이 길

충신과 모리배 사이에서
적멸로 가는 길
수많은 약사발 수장한
비극의 섬 노도
오늘따라 유난히 매무새 정갈한 선비는
대궐은 하나, 우러러 예를 올린다
하늘을 펼쳐
위로하듯 고요히 묵념에 든 바다

벌목 못 한 치렁한 핏발 선 두발
사나이, 절개는 휘어질망정
꺾여선 안 된다는 아버님 매운 말씀
어젯밤 어지러운 꿈
장독대 정화수 대롱거리는 이슬방울
풍등에 큰절 올려 조용히 눈 감고 합장
어머니 처연한 배웅이다

포란 비토

방어산 봉우리 잔등이 초로한데
갈 길 바쁜 나그네
헛헛한 깜부기 심사
산마루 고향 달은 고여금
속절없이 휘영청 낙락이다
길섶 이슬처럼 왔다 가는 인생
덧난 상처 지척이 천 리였네
뒷산 양지 녘 오붓한 소로에
뼈를 묻을 만년 보살
생애 마지막
막힌 자손 길 술술
내리사랑 점지해 주십사
보물 159호 마애약사여래삼존불
대자대비 부처님께 아뢰러 가는 길

동행

셀 수 없는 인연
하고 많은 사람 중에
내 소도시 이력 현판에 자리 잡은 여걸

비포장 길에서 이목 개의치 않고
훠이훠이 탕진한 인생을
구시렁대는 법 없이 삭제
관심 챙겨 다독여 수확 안겨준 은인
처세술에 매료돼
닮고 싶은 우상

새봄 바삐 와서
꽁꽁 언 개울물 꽃잎 떠가면
연분홍 물겹저고리 깜장 치마 동여매고
너도 밤 나도 밤 듬뿍 모둠 찰떡
청등 넝쿨 산태미 째 이고 가야지

윤슬의 바다

혹한의 용대리 황태 덕장
형들은 서울로 미국으로
다투어 유학 떠나고
자식 탄탄대로 걷기 위한 일념
엄마 아빠 고된 엉덩이에
배말로 붙어 자는 막내둥이
부모의 땅에 뿌리 내린다

왜소한 어깨에 가로 걸쳐진 덕대
대롱대롱 명태 놀이터
작심한 한 길
엄동 농번기
매바위 빙벽만큼 무거운 방한화에
두껍 발을 묻고
내일 말일 나만의 즐거운 외출
형들 계좌에 입금하러 읍내 가는 날

가고 오는 해

정렬하지 못한 머릿속
흥도 없는 한 해가 또 막이 내린다

섣달 어느 날 기억을 열고

오소소 별님 깨워
호주머니에 들앉은 추억이랑
사박사박 걷던 은모래 강가
얼음 칼 무수한 바늘 한기가
단불 빠진 겨드랑이로 기어든다
풍만한 씨방 젊은 날의 포란
부화 못 한 허실 앙가슴만 아파
웅크린 채로 쏘아 올린 새 무대
민얼굴로
카메오 배역이라도 주어지길 소망해 본다

위험한 상상

한창 감성이 예민할 때
시작된 방황
엄마는 계모일까
설거지에, 동생들 돌보기 숙제는 뒷 전
가끔 집 반대편 동산에 올라 신작로 끌어와
움직이는 물체 탐구 일인 상황극
목청껏 노랠 부르다
당산 귀신 겁나 지는 해 책가방 불룩 집으로

성근 머릿속
장독대 돌바닥에 앉아
밤마다 내별을 기다리다
이슬 내리면 골방에 기어들곤 했지
처마 끝 참새집 구멍에
무겁게 매달린 미지의 꿈
해빙기 오면 훨훨 날개를 달까

사는 맛

퇴근 후 길목 즐비한 포장마차
지친 하루
똘망똘망 새끼들은 취하지 않게 가슴에 품고
세상살이 벌과 상 제조 중
간판처럼 푸짐한 언어 유희장이다
지금 군대는 말이야 캠핑장 수준
개복치 배만큼 두꺼운 하천 얼음을
군홧발로 툭툭 깬 냉수마찰
바람도 단칼에 자르는 공동묘지 산타기는
생매장되는 오싹함
배꼽 아래가 바짝 얼드만
나로 말하자면
눈비 오면 고2까지 정류장서 업고 귀가
열공해 법관 성공하라던 아버지 일찍 여의고,
주류 연구에 몰두 대학 초에 박사 학위 취득했지
맞아, 응수에 으쓱대는 중독 예약
에휴
으스름 포차 백열등이 졸고 있다

무심의 바다

발길 끊긴 광포 바닷가
용궁 여행간 살붙이
해 가고 달 가도 기별 없어
비문 없는 갯바위
비명 지르며 출렁대는 너울 파도
썰물에 모두 떠나고
살아내느라 아이의 큰어머니는
천 가지 약도 효험 없어
뒤틀린 가닥 올올이 풀어 멀리 던지고
고래고래 울고 싶다며
천수 거역
고된 부리 방파제에 뉘었다

이사 가던 날

부고 없이 홀연히 떠나 노여움
입이 바싹 말라 백태 쪄린 낮달이
무엇이 귀중한 아쉬움인지
골목길 서성거린다
막걸리에 팥시루떡
사십여 년 성주님껜 잘 살다 떠난다고
큰 절 삼 배 올리고는
함께 가자 손도 내밀지 잃고
일군 아파트 숲에 숨어 들었다

고향 흙을 채운 옥상 텃밭
온갖 먹거리 도시농부
임대 준 일 층 마당엔
단감 대추 비파 무화과 배
백목련 라일락 덩굴장미
전남 덕산 적벽돌 황토 내음도 그리울 거야
참 행복했었다
청춘이여 안녕히

위로가 고픈 사람들

눈 감아도 눈 떠도
쓰디쓴 암울한 끝 모를 우울
뒷골목 힘든 시기에
매몰된 부유물
구석구석 걷어 내는 트롯 가수
영혼도 울먹이는 애절한 솜사탕
분홍색 밍크 이불로 살포시 감싸 준다

출연 가수 보드라운 음색에 기립 박수
왕관 쓴 치유 가수 아낌없는 찬사를 보낸다
영세한 주름도 탱글한 기타 줄
다시 만나 사랑한다면
아픔과 이별 없는 사랑을

댕댕이 부고

점례야
왜 아야 했어
머리는 미열인데

상념 껍질만 수북한 칸막이 사잇돌에 앉아
잠시 혼돈의 세계서 길을 헤맨 사이

얼마나 몸부림치며 징을 찾았을까

백 년을 부비며 살 것 같이
외로움 뚝, 퍼붓던 사랑
겨우 화장실 길만 터주고
방치한, 큰 죄 지었어 미안해
남자 잃은 너도 고픈 사랑 알면서
잘 가라는 살가운 인사도 없이
반려 못한 따습던 너의 체온
아픔 없는 천사의 나라 다 다를 때까지
사십 구일만 울 거야
그리워하며 헤맬지도 몰라

통도사 팔상도

대한불교 조계종 25교구 본사
불보 사찰의 지표 대가람이다
부처님 자비가 소복한 봉발탑 발우
세계 문화유산 품격 지닌 통도사
금강송 몸에 휘두른 장군 갑옷
허리 굽혀 289폭을 싸안은 극락 계곡
영축산 풍광을 차경해 잠시 묵언에 든다
부귀 생과 사 덧없음에
성문 뛰어 사문 선택
석가모니 일생을 축소 여덟 장면
계보 이은 통도사 화승들이 직접 그린
보물 1041호 팔상도

두드려야 다시 울리는 영원의 법고
명예와 권력이 보배인 비루
일주문 저만치 큰 스님 업장 소멸 독경에
소치로 허송한 젊은 날
옷깃 여며 참회한다

두 개의 거미집

물려받은 토지 위에
경험 많은 건축가들
큰 벽돌 작은 벽돌 절굿공이 철근
접신한 딸랑이가 날 잡은, 대들보 상량식
말끔하게 면도한 삶은 돼지 콧구멍에
고매한 사임당 노리개에 명함 달아
맛난 수육 한 접시 신청
"왕 거미집 부 흥하소서"
다투어 밀어 넣는다

한 골목 집성해 살면서
우애 없어 왕래 뜸해
번듯한 새집 지은 줄 몰랐네
와 튼튼 우람하다
그저 부러워
목수 불러 설계대로 단방에 시공 제안
마당 좁은 집에 분석가만 모여드네
흰 털 돼지머리 고사상 밤은 깊어간다

법관의 꽃

돌배 나무 머리에 앉아
하얀 세상 까만 점찍는 알락해오라기
박복한 스무닷새 어미 품 이별
골마지 핀 뚜굴뚜굴 보리밥 한 덩이
밤마다 몸부림 엄마의 여운
자갈 박힌 눈꽃 송이 흔들었더니
피멍 들어 아프다
할머니 생의 현장
마을금고 귀퉁이 모닥모닥 겉늙은 대파에
빨간 망토 봉황 앉았다
세상일 등가는 금테 졸업장
법관복 입은 손자의 서막
평등한 법 집행 만대에 빛나라

억겁 인연

미세 먼지 좋은 날
남은 반찬 이것저것
원대한 꿈나무 알갱이 손가락 사이로
완도 곱창 숭숭 돌김 밥알이 삐죽거린다

보온병에 디카페인 두어 잔
기행 못가 삐져 토라진 새 배낭
따뜻한 등이 토닥여 달래 본나
바다? 산 풍물시장
행선지가 매번 자유 저당이다
콩닥콩닥 별일 없을까
나설 때
두통약 삼키던 일그러진 얼굴
결국 문간 아들 방 똑똑이다
21층에서 내려다뵈는 수많은 벌집
다들 안녕하리니

2부

/

초파일 연등

북쪽으로 치우친 골 깊은 산등성
지각한 두견화 무리가 반긴다
큰 언니 같은 엄마 길 동무
여항산 원효암 의상대
피붙이 인생 항로 환히 밝으시라
할머니 이어 삼대가 한지 등 불씨에 합장
꼭 이뤄진다는 소원 하나
초등 2학년 크리스마스
빨간 운동화, 입혀주던 방모 반코트
이리저리 돌려 보시며 우리 딸 참 예쁘다 하셨어

언젠가부터 옥이 집으로 퇴근

어른들 붐비는 법당은 쑥스럽고
백팔 배 공들이는 엄마 기다리며
두레박 우물가 애기 석탑
도난당한 웃음 돌려주십사 간절히 되뇌었지
어린이날 아버지 선물 크레파스
얼굴 하얀색 검정 눈썹 다 타고 없지만
그래도 보고 싶다

동물의 세계

무리에서 낙오되면 표적
자식 먹이 사냥
사력 다 해 쫓는다
가족 품에 돌아가려는 필사의 도망
처절한 생과 사

소진 다 한 노쇠한 근육
배고픈 아가들 기다림
허둥대는 사냥 실력 엄마 값 계속 하락이다

인간은 부모 봉양 미덕 있어도
동물은 노인 공양 없다
오직 자식만 있을 뿐
먹히고 먹어야 사는 동물의 생존 법칙

신해년 스무사흘

작은 욕심이 큰 재앙 범하지 않는
바람 순한 오지에
다람쥐와 청설모 스님과 사미승
카드 통장 없어도 공양간 달력은 있다
무딘 괭이 물집으로 일군 옥토
반섞이 쌀밥에
햇살 듬뿍 홍초와 갖은양념 버무려
쭉쭉 찢어 걸쳐 먹는 김장 닐
눈 내리는 밤 주렁주렁 약초 황토방

과거 이력 고구마와 화덕서 익어 간다
사미승 맛깔 솜씨에 법력을 입혀
예약 접수 청담동 유명 한식집 버금
그득한 한 상이다
이 뭣고
뿌듯한 사미승 스님 생신요
어찌 알았느냐
메밀꽃 절정인 돌아오는 봉평 장날
탐욕에 물들지 않는 새 세상 주신 어버이께
꼭두새벽 일심 정진하려는데
허참, 껄껄

첫 기일

군청 소재지
보기 드문 기관장 명함 죽 늘어선 근조화
딸들 머리에 사뿐 앉은 흰 나비
두 줄 완장 대동한 배웅 길 도열
구슬픈 앞소리 선산 귀환 엊그제인데
이월 그믐 축복, 때 늦은 첫눈
철도 잊은 소담한 흰 국화
나눌 수 없는 대화 목이 메인다

당신의 배를 빌어
산국처럼 살아온 여인
심중 중증 살피지 못한
탄식의 얼룩 점점이 퍼져
봉분 언저리를 타고 내린다

산업 재해

도시를 관통하는 육중한 고가도로
나란히 이웃한 실개천 다 담소
유난히 쓴 오늘의 모과 차 음미 중
불길한 난층운 산업 굴뚝 연기가 피어 오른다

찰나의 불기둥에 우왕좌왕 말문 닫힌 부음
이승의 마지막 성찬
종합 병원 장례식장 종이 국시발
소방수 물세례에
얼음장 바다가 둥둥 떠있다
낯선 방 검은 옷의 사람들
칭얼대며 고운 엄마 섶에 잠든 결손
쉬 마려우면 찾던 아빠
잠 깨기 전 행장 꾸려
어두운 협곡을 이륙해야 한다

쫄면과 상견례

별찌 봄이
국제시장 여인들
화사한 옷차림서 반짝거린다
세명약국 먹자골목 난전
북새통 상춘객 비집고
긴 나무 의자 끌어다 군침을 앉혔다
갖은 고명 매콤 달달, 계란 한 쪽
따끈한 어묵 국물 맛
하, 아무도 모르리
세상서 젤로 맛있던 엄마표 맹물 수제비
궁합 좋은 부추 홍합 땡초
올케의 특미 부침개도 아냐
근데 느닷없이 어찌 왠수가 생각날까
포장해서 집으로 가는 버스 안, 다정한 연인
또 쌈질하면 냉큼 달려와야지

횡성 횡사

살짝 외진 강줄기 따라 가면
산그늘 등 굽은 산동네
목에 건 미인대회 이름표
족보 짱짱한 횡성 한우 관리소다
갑상선 울대 수탉 울음에
손두부 지게미 청정 다랑논 쌀겨
비밀스런 보약제까지
모락모락 김이 나는 삼십여 병 가속 아침밥
손수레에 가득 싣고 마실 가듯 경사길 오른다
전생에 축생였을까
여물 썰 듯 아들 납세금 짊어진 코뚜레
특수차에 선정되면
누군가에겐 야들한 육즙
반대 몫은
행사처럼 치러야 하는 쓰디쓴 이별

방심

팔자 높이 뛰기
왕대 가문 왕대
공들여 겹겹이 싸서
우기에 사력 다해 쑥쑥 탄생한 죽순
느닷없는 칡덩굴 침범
아래는 단물
지상엔
화려한 색 매혹적 향기에 한눈판 사이
마디마디 잎만 청청 수수 일렁이다
새떼같이 가버린 세월

생일

그대 어디만치 오고 있나요
더없는 축하 첫눈은 오지 않고
으스스 잔뜩 흐린 심술난 하늘입니다
돈으로 살 수 없는 진실한 사랑
그 파편에 으스러지는 고통도
보채며 저물어 가는 하루네요
도드라진 물굽이에 갇힌 채로
모래톱엔 잡동사니만 쌓여
빈약한 마음 딛고 일어설 기둥이 없습니다
젊은 나이 만큼 타들어 가는 촛불
후 후 입모아 끌 웃음도 잃었습니다
밀물이 선잠이라도 데려와야 할 텐데
어쩌려고요
거진항 정박이 무에 그리 더딘지

실종한 주례사

심정지도 걸어 나온다는 최우수 대학병원 8층
자정을 넘긴 병실
나지막한 긴급 코드 블루 Code Blue
냉정한 이승 퇴출에
순식간에 이미 길을 잃은 기억의 회로
2~3일 정거장
예상 못 한 날벼락 어찌 다 담아 가리
30대 청춘 유해, 오열이 서럽다

조문 당한 지인들 영정 앞에 주저앉고
멍한 부모는 이별을 불허 한다

2022년 5월 14일 토요일
오전 11시 30분 행복실
주인 잃은 연미복 호주머니엔
신혼여행 일정이 빼곡하다

고백

목문을 적시는 송알비에 마음 들켰어
잠 못 드는 밤
꽃 바늘에 오색실 꿰어
한 땀 한 수 놓아 떠올리는 얼굴
붉은 샐비어 간이역
까치발로 손 흔들어주던 그대
기적소리에 쟁쟁 찔린 손마디
졸음 겨위도 추억 소환엔 포로
잰걸음 마중 가다 되돌아 오는 길
갯버들에도 부서지는 물살이다
잠시 맴돌다 떠난 아쉬움
지문 없는 나룻배에 그리움 타전하고
토방 옹벽에 다시 문패를 걸어 둔다

내 친구

모처럼 만나도 어제 본 친구처럼
개구지게
심란했던 등을 툭 치며 반긴다
펑퍼짐하게 풀어 헤친 일상
모범 아들딸 티 안 내고
대화 중 희망을 주는 재주

곪은 심장
소태 씹는 표정에서 들켜 버린 헛웃음
별수 없이 죄인처럼 어깨가 오그라든다
끓어오를 때 화풀이로 냅다 던지는 빈 생수병
자식 이야기 입안에서 굴러다니지
꾹꾹 눌린 여자의 울음에 지쳐
목젖에 드러누웠다

사부곡

용광로 불덩이에 살점 보시
반 되빅도 안되는 회색 노구
귀밑머리 풀어 만난 정실
급하게 자리 잡고
남편 기다리는, 죽어 재회다
배꼽에 부적 이별과 만남 사이
탯줄에 매달린 일곱 씨알
발등 데우기 위한
새 이불 속 길 들여진 삶이었다

숨소리도 차단 세계적 금기 악성 코로나
2년 동안 외로운 투병이
외면한 형제들 불러 모았다
보상과 두려움, 호령도 허공에 흩어지는
다 부질없이 허무하다
첨잔이요, 재배 흥

우리 동네 최 반장

며느리 사랑 시아버지 최 반장 불의에 사고사
보궐로 부촌 39세대 물려 받은 시어머니
보릿고개 갓 넘긴 시대였지만
장손 네 식구
살림 못 나간 맞벌이 작은아들 부부
외국 나간 가운데 아들, 깔롱쟁이 막내딸
연탄 리어커 겨우 다니는 뒷골목
샛 창문 열고 청소하다 우연히 보게된 최 반장 부엌
식사 당번 큰 며느리 밥풀 때마다
주걱 반쯤 미리 배를 채운다는 느낌이었어
우악스런 최 반장 등쌀에
종종 친정에 손 벌리기엔 염치없어
온순한 부잣집 외동딸 야위어만 갔다
국제선 선장 친정아버지
사위 사랑에 밀수한 카메라
도움 냉랭 뒤틀린 심사에
그걸 고발한 안사돈 최 반장
어쩌다 이혼까지 하게된
참 웃픈 시대 이야기

울며 헤진 부산항

가난하지만 우애 돈독한 오 남매 맏이
근동에 소문난 임씨 가문 어여쁜 딸
일제 강점기
처녀 공출당한다는 매파의 언변에
기우는 살림 허덕이는 할머니, 부모
사주단자 덥석 받고
대농 양반집에 꽃봉오리 보쌈당했다

얼굴도 아슴한데 징용이 웬 말인가
연락선 선미서 울며 헤진 부산항
상주하던 중 머슴은 마뜩잖아 꼴머슴 들이고
비단 옷 연지 한 번, 친정 나들이도
허벅지를 비틀어 수절을 새겼다
유복자 아들이 희망의 등대
생사도 모른 채 제사 지내길 수년
재일 동포 추석 성묘 방문단 귀국
선창가 여관 하룻밤 회포는
일본 여자 사이에 아들 쌍둥이 딸 하나
그해 섣달 초열흘
임 씨 할머니는 열녀비 업고 먼 길 떠났다

3부

아직 늦지 않다

쟁여 둔, 세상에서 할 일 중 첫 가택
파랑새 찾아서 백 리 길
뛰는 세월 압박감에 아릿한 명치
허무하게 흑점 될까 볼모 된 나이
수확은 쭉정이에 갱죽
한계에 무릎 꿇어
얼추 살자, 몽환에 천일염 세게 뿌렸다

종종 이용하는 버스 정류장
"잠은 무덤에서 실컷"
이 글귀를 보고도 무심했는데
순간 그렇지
아직 늦지 않다
범람한 문학인
환경과 정신적 여유 탓 고립을 자초
활동을 방치한 예술인 수두룩하다

맛있게 익을 때까지 무한 토렴
나태 흔들어 다시 시작이다

다대포

저 포구 중간에 바다를 굽어보는
해송 군락 나무 계단 오르면
천혜의 풍광 정자
나무꾼들 놀이터인가
언저리에 기둥 세워 밀랍 잔가지로
완성된 둥지

예상 못한 악천후
아빠가 삐끗 낙상 사다
천지가 먹구름
데려간 파도는 가타부타 말이 없다
안타까이 정자를 맴돌며
끼룩대는 목쉰 바닷새

마냥 퍼질러 절망 타령은 그만
아들을 지팡이 삼아
발톱 세운 용기 부리에 장전
두 몫 기어이 성취하리라

만남

하늘은 쾌청
산허리 넘는 노을을 보다
늦어도 한두 시간 거리
삼 년 만에
허겁한 마음 다 잡고
사랑하는 형제들 만나러 짐을 꾸린다
가방 깊이 모셔 둔 사임당께 안부를 물어
꽁쳐 둔 비상금 난방유 대금
꼭 필요할 때 니와라 알람을 예약

변고 하도 쫓아와서 불안한 마음
뒷머리가 욱신거려
목젖 열어 까르르 수다는 저잣거리를 맴돈다
하필 왜
재앙 보따리 덥석 안겨 서럽던 날
○○다리 난간에 신발 가지런 벗어 부동하고
불러도 대답 없는
사무친 이름을 목메게 불렀을까

불후의 이별

소낙비 세찬 날
오색등 주점에 뛰어든 까까머리
난데없이 찾아와
치마폭에 일필로 그려 준 불화
따가운 시선 부대껴 베인 상처
스쳐야 할 운명의 인연일까
달달한 향냄새 그리느라
복부에 돌탑은 무겁지 않았나
파계가 거두어 간 낮달 같은 짧은 행복
장남은 끝내 아버지라 부르지 못하고
삼촌 가지마요, 사랑합니다
목탁, 이불 속에 숨겨 놓지 않을게요
스님 막내입니다
오열하는 다비식

유년이 익다

항상 발그레 막걸리 양조장 둘째 딸 분연
파출소장 외동딸이 짝꿍이라 울던 필순
서울서 초빙된 일급 요리사
돈부리 기스면 난자완스 팔보채
예술적 이름만 들어 봤지 먹어 본 적 없는 딸
군청 소재지선 유일한 일본식 이층
숙제하기엔 시끌벅적 환경이 영 아니다

아버지 히리춤 어딘가에 숨어 있을 권총 생각에
조용하고 오징어나 진해 콩 개구리참외 등
먹을 것 많은 영숙이 집은 무섭고
필순 집은 멀고 외진 길
고무줄 뛰기 좋고 비교적 뜰도 넓은 분연 집은
엄마가 제발 가지 말라 타이른다
사카린 술지게미 묘약에
국민 학생 꼬맹이가 배시시
딸 교육 들먹일
모주에 취한 아빠와 부닥칠까 봐
엄마는 지레 비틀거린다

성찰

부질없는 탐욕 더께 걷어 자기 과시 감추고
남의 허물 덮어 준 적 있는가
세상 보는 맑은 각막
턱없는 깨달음에
대원사 산문 쇠북 이 맛 전
목탁의 경고
스스로 죄를 물어 두 손 모았다

빨간 모자 쓴 낙태 영가에
흠칫 놀라
아가 내 아가 가빠진 호흡
관세음보살, 관자재보살

겁쟁이 아픈 과거

햇살 가득 왁자하던 초등 3학년 교실
안녕? 일요일 숙제 하고 그리고 재밌었어
포슬한 웃음 대신
사방 뛰기 비슷한 무늬 주름치마
날이 빳빳한 선생님 등장
가을 운동회 매스게임 실수로 1등 놓친 후
호된 꾸중에 북받쳐 울던 순영이 떠올라
갑자기 둘안* 댑바람 고드름이다
연필 꼭지 지우개 비할 수 없이 큰
고모가 크리스마스 선물, 네모난 미국 지우개
귀희는 교실서 잃어버렸다고
교무실 가서 울먹이며 설명
선생님은 도화지를 잘라 나눠 주시면서
모두가 눈을 감고 10분간 가슴에 대고 있으면
주워간 사람 종이는 자라고 반대로 작아진다
분명 줍진 않았지만, 괜히 콩닥거려
손톱으로 쬐끔 두어 번 뜯었다
후, 함정에 빠져 경기 하던 날

* 둘안: 경남 함안 들판 지명

다시 뛰어보자

직장 잃고 갈 곳 없어
미래를 싸안고 고향 가던 날
떠나올 때
야심 찬 푸른 잎 배웅은
생기를 잃어 해를 붙잡고 안간힘이다
공원 길 입구 기와지붕 서향 철 대문
아직도 엄마의 밭은기침 소리
부화 참지 못해 돌아온 딸, 낱말의 후회

당당하게 방문 열고 저 왔어요
말 못 하는 알 수 없는 눈물
아버지 소일거리 사료 포대에 기대었다
꿀꿀아 딱 하룻밤 모른 체 평화를 다오
어둑 걷히면 당차게 인내 길어 올려
한 달 노고의 보람
동생들 깡충 뛰는 선물 할 테다

행복을 주는 쌀나무

국도 저 아래 오붓한 산마을
옹기종기 울도 담도 뭉갠 인심
오늘 쌀나무 심는 날
거들러 온 도시 출생
턱은 아직 맨송맨송 할아버지 첫사랑 손주

못 줄에 빨간 헝겊 줄 맞춰
자식들 이틀 징집 모내기는 전설되었어
이양기로 반나절이면 후딱이다
개울물에 논두렁 훑어 씻고
개구리 떼 옹알이에 줄행랑이다

외할머니 소문난 섞박지
쌀밥, 돼지 족 곰국 걸쭉한 한 뚝배기
송글송글 포만의 환희
기적소리 베고 낮잠 자는 벌 나비

가버린 사랑

상차림이 뭐가 중요한가
더러 쓰잘머리 없는 헛짓이라 하더만
이 세상은 온통 눈만 번뜩이는, 코로나가
다짜고짜 꽁꽁 싸맨
가면의 시대
길목마다 입 봉한 푸른 제복의 경비
잊지 않고 용케 잘 찾아오시었소

견디기 힘들던 고비마다
따라나서고 싶었지만
옷자락 잡는 이 있어 번번이 실패했지요
무작정 헤매는 나의 길
이젠 모든 게 무뎌져 잠에 파묻히고 싶습니다
내년도 오시게요, 그놈 좀 다독거려 주시고
살펴 가시어요

2017의 역류, 탄핵

엇저녁 안녕했을까
넝마 걸친 정국
이식한 대선 잔치에 날아드는 불나방
차라리 안대도 씌우지
무릎까지 얽은 족쇄 자괴감에
몇 번이고
서슬 둘둘 말아쥐고
관절 문 박차고 뛰쳐나기
차마 못한 말 봉인 해제하라
구 척 담 꼭대기서 활강 못한 발광체

막연한 진군의 함성
아뿔사
엇발 난 준령 파발마 가로막아
송곳 같은 이 사태
모두는 침묵하고 서 있다

발신

겨우 잊을 만하면
걸어 잠근 문을 흔들어 놓고
뒤돌아보지 않고 달아나는
해마다 덧나는 계절병
내복 약 처방전은 항상 B였어
만나면 걷기만 하던 순진 두 콩알이
기차역 울타리 가시철조망 넘을 때까지
찔려가며 들어 올려 주던 범생이 B
그의 하얀 얼굴 조용한 미소
좋아해, 하늘 이만큼 더 많이
역사 건물 벽에 돌멩이로 크게 써놓고
후다닥 뛰어가던 모습
이 밤 줌Zoom으로 총총 걸어와
숨 가쁘게 내 앞에 섰다

바다도 울었다

돌파구는 없었을까
왜 그 길만이 최선이었나
남편 아빠 빈 자리에
남의 불행 즐기며 억척을 생산
눈앞에서 릴레이 조소 떠올라
아내와 천사 두고 갈 수 없었나
한순간 후들거리는 허벅지 다잡고
겨우 아기 꼭지 뗀 선한 눈망울의 딸
무서워 기도는 얼마나 했을까
그나마
파도가 멀리 데려가지 않고
송곡항 해류가 가족 보호
부디 극락 왕생하소서

엄마의 전설

엊그제 같은 오늘
을씨년 겨울 해거름이면
아들딸 이름 불러 가며
이 골목 저 골목 찾아 나선
곱기도 한 아낙 포근한 목소리

야시장 불빛 꽃분홍 립스틱에
거나하게 취해
소경이 돼버린 아버지
찾는데 이골났던 번지수 빤한 애달픈 길
면사무소 뒷골목

쉬엄쉬엄 덤불 걷다 보면
꽃길 기다릴 텐데
그래도 그렇지, 자식 말고
누가 두메서 기다린다고
노독에 영접 길 질러가셨을까

멀고 먼 길

폭염 영차 밀어내고
바지 엉덩이까지 쑥 걷어 올려
조심조심 호우 건너면
가을이 누워있는 수확의 계절이다
겨우 껍질 벗은 시어 종자 삼아
이랑에 빼곡히 심어 놓고
행간마다 요동치는 자화자찬

햇살과 교류 없이, 그늘서 베짱이와 노닥이다
열매는 벙글지 못해 궁상스럽다
문치의 거드름
궤적을 흉내 내다 일그러진 삶

4부

사후 월북한 금순이

대한의 유일한 일엽식 연륙교
도개 시간에
육중한 다리 번쩍 들어 올리면
무역선, 군수물자 섬을 왕래하는 여객선
북적이는 관광객들로
장관을 이루던 영도다리
어이해 고향 가는 배만 오지 않는가

전장서 단신 이산가족이 되어
국제시장 난전서 방물장사로
억척스레 살아 온 금순이
제19대 대통령 의기로 걷어낸 삼팔선 철조망도
기약 없는 상봉
가족 그리움 병마와 싸우다
봄이 농익은 오월에
고향 양강도 경유했을까
안타깝게 먼 길 떠난 우리의 동족

불자 상속

독자라도 대대
튼실하고 명도 긴 자손 주십사
삼베 저고리 까막 고무신
곡식 말이고
영축산 시 오리 고개 넘던 할머니
부처님께 무릎을 허깨비가 보일 때까지
삼천 배를 올리다
불력 공덕 삼대 손 점지에 감복
등 굽은 칠성판 펄럭이는 만장
신라의 지우 득도의 금강계단
법어 고이 받들어 반야용선 청하옵니다

삭정이 어깨에 보리심 걸망 메고
유발성 피안의 정토 찾아
이제야 할아버지 영가 따라 길을 나선다

여우의 달변

천 번을 다짐해도

한 번에 속는다

인디언 기우제

턱턱 벌어진 논바닥
채워진 땀방울
일용할 곡식 타는 목마름
천상님이시여
수호신이시여
십시일반 밤낮 준비한
이 제물 맛있게 음복하시고
바싹 타는 농심
부디 물문을 열어 주소서

시커먼 구름 떼로 몰려와
우루루 쾅 쏴아
통 크게 쏟아 퍼붓는 단비
두드리면 열리는
인간의 간절함에 화답하는 천신

흔적

어쩌면 마지막일 인사를 간다
얇은 등에 쬐맨한 꽃 배낭
다 챙겼는지 모르겠다 하시며
무르팍을 짚고 힘겨운 일어서기

아침나절 두서없는 짝꿍 수선에
어림쳐서
손을 꼭 잡고 말없이 따라나선 할아버지
숨결은 이미 영마루를 넘고 있다
부모님 영면하신 얕으막 뫼산
신문지 위에 막걸리 사발과 새우깡 한 봉지
앞마당 고목
곱게 분을 바른 곶감 다섯 개

누가 우리 상석에도
소담한 망초꽃 한 다발 놔줄까
노을 예쁜 저 산 넘고 넘어
누렁소 몰고
유학 간 늦둥이 그리움에 데인 눈물
눈가가 빨개져서야 구순 할머니 부축에 일어선다

누구나 떠나는 길

재래시장서 지갑 탈탈 턴 무거운 찬거리 중
묵은지 물렁하게 오동통 고등어 조림
진절머리 탄핵 뉴스보다 잠시 눈이 감긴 겨
인덕션 위서 살사댄스에 혼미
저라도 살게 멀잖은 바다로 도망 갈 것이지
벼루고 벼르다 장만한
27종 스텐 곰 발바닥 냄비와 동반 사망

잘 구워진 봄날
크림색 동백 여린 관절이
세 해 전 입산 때보다 더 곱게 완숙하다
숨 가쁜 도시의 일상
헝클진 마음 풀어
얼룩 없는 성지곡 마풍과
기억력 상급 씨알
목질 좋은 편백 발부리에
잘 가라 나의 인연들이여 수목장 치르다

일 등급 병원

또 사선을 넘나드는
앵앵 공포의 구급차 소리
외로운 사투 멀어져 가는 기억
치유 불가인가
따뜻한 손길도 거부한 채
이미 그을린 영혼

맨살을 찔러
처치한 치료 명분의 줄
한 올씩 걷어
감각 없는 작별을 채비한다
하얀 무명천에 염을 당한 익명의 청춘.
삶을 깡그리 주저앉힌 새색시 연지곤지
파랗게 멍이들다
벗어 논 시간의 수많은 필름
고인의 가족들 마지막 창백한 안녕

자갈치 생선 모둠 구이

짙푸른 이불 뒤집어 쓰고 연신 하품
통실한 매력녀 고등어 아가씨
찰진데 없이 가시만 오진 도미는 대열서 하차
회나 구이도 일품
붉으락푸르락 근육의 사나이 눈볼대
꽁지, 머리 짤린 갈치나
설치지 않아도 여전한 인기녀 민어 조기
다들 주인 계좌 알짜다
오대양서 금새 건져 올린
살점들이 입안에서 출렁인다
넥타이 부대보다
삼복도로 세대주 허기진 하루
진하고 달콤한 내일을 위하여 좋은데이
우리는
여우와 토끼가 사는 초원 관리자

외로운 나목

벚나무 꽃잎이 나비처럼 날아
휑 가버린 꽃 시절
걸쳐 입은 풀색 치마
동정 없는 저고리를 입고 장고에 든다
한 철 등골 터지는 노점
유월 땡볕 가려 준 고마운 그늘이었다
청구서 보다 헐거운 주머니
덩치 큰 가림막이 없었다면
수박 피눈물 새까만 가슴일 걸
치마폭서 은밀히 자라는 나이테
머플러 휘 걸친 가을이
빈 호주머니에
손을 찔러 넣고 쓸쓸히 걸어간다

그러지 마세요, 후회합니다

내내 따뜻한 겨울이
살을 엔다는 말 훅 던지고 황급히 갑니다
새벽 두어 시 한 줄기 빛마저 어둠에 내몰려
무작정 거리를 맨 발로 배회한 적 있나요
그깟 TV 부수면 빛내 사면 대수냐
숨 쉬는 날까지 둥글게 살면 되지
현재 가진 건 계란 30구 거스름 삼천 원
보일러실서 딱 버틸 걸

다리 장애 백구와 길냥이 출몰에 상련
공사 중인 건물 가림막 사이로
산마루 넘어가는 상현달 보며
바지를 내려 발등을 감싸도 아려서
갈 곳 없는 노숙 신세, 서럽게 울었습니다
생을 간추리면 'ㅈ'은 불행한 인연
보람보다 더 많은 상처 덕지덕지
약국 문 열면 치유의 새날 올까요

무효 처리

사찰 신도 행랑에 챙기지 못한 법문
일 년 마지막
열두 달 주섬주섬 주워
공양 없는 탑돌이 어질거린다

속 알 없이 귀동냥
텅 빈 대나무의 소란스런 비밀 얘기
사람 속 깜깜한 굴뚝, 진심을 알 수 없더라
휘어질 줄도 알아야 진정 곧은 청렴이지
난 누구였소
드센 이력의 소유자
틀렸소
세상인심이 장난친 거요
순리를 이기려 마시게
풍경이 쨍그랑 댕그랑 판정 보류

운명

삼팔선 넘다 발묶인 알부자
전쟁통 총성에 피지 못한 요절
회귀한 생명줄 외동딸인 양
예쁘고 총명, 종신 딸 제안했다
대학, 유학은 물론
해먹에 유리구두 여의주를 제시
따 논 신분 상승였지만
팔랑나비 따라간 공무원 아버지 부재로
다 팔아먹고 살지라도 대통령도 싫어
자식 거래는 안해
여과없이 화내며 자리 박차고 호텔을 나가는 엄마
상주하는 부엌 언니 숙자가 있어
삼십 촉 전등 아래 설거지 않고
번듯한 책상 하얀 레이스 커튼
밍크 실내화 은하수 침대 등 열거
생 손가락 앓는 엄마 속도 몰라라
철없이 공주방에 홀렸던
형제 겨드랑이 간지럼 발등 포개고 자는 고향
흐린 날 줄다리기 엄마 승
평양 자본가, 교수 부부 딸이었다면?

아내의 남자

천직, 한 시간 거리 보배 직장
살아남기 위한 두 시간 전 기상이다
아내가 저녁에 취사해 놓은
국에 말아 간단 식사
온 집안 경사 떡두꺼비, 조리원 퇴원 15일
몸에 밴 발뒤꿈치 조용한 운전
빼꼼 방문 열어 끄덕이는 오늘도 무사히
천사 나의 동반자
.
.
.

청춘 오롯이 바쳐
마음도 진료 받는 존경 받는 의사
인생 길잡이 덕망 겸비 교수
추수할 희망의 별송이다
장모님 당부
신랑 존경 옷차림 단정하게
싸워도 한 침대 한 베개, 신랑 아침밥 꼭 챙겨 주기
부족한 화이트칼라의 과한
난 아내의 남자

대물림

한평생 어부 어부의 아버지
손등이 터지는 칼바람 구릿빛 얼굴
자식만은 양복에 넥타이
자가용에 의젓한 부티
바랐던 대로
세 해 전 공기업 공채로 우수한 취업
설, 추석 기념일이면 알밤 손자와
막다른 골목길 기와집은 함박꽃 피었었다

직장 생활이란 게
매미 노래는 커녕, 정서 메마른 빌딩 숲 줄타기
과육은 적고 씨알만 큰 비파 아닌가
부모님 고생 거두시면 책임 부양
항로 키 이양하라시며
동경하던 도시를 훌쩍 떠나왔다
먼바다서 어획과 외로운 사투
만만한 바다가 아닌데
어쩌란 말인가

역사가 머문 곳

어디론가 훌쩍 떠나고 싶을 때
발 닿는 곳마다
어항 속 금붕어처럼 평온한 남해
경제 대국 저만치
생업 수단 가목인 유자나무
탱자 가시 생선의 뼈들도
흘러온 풍상에 삭고 삭아 심해에 드러누웠다

어창에 가득한 보화 은빛 멸치
부지런 하니 빌어먹을 일 없고
소원하던 육지 학교
뱃길 열려 문맹 퇴치 축복의 땅
수더분한 방파제 슬쩍 와 건드는 잔 물결
통통배 뱃고동 소리는
토닥토닥 검둥개야 짖지 마라
울 엄마 자장가던가

5부

그믐의 벽파

지루한 금어기 지나
가족 안녕과 어구를 싣고
근해를 누빈다
그물 한 번 끌어올리면
양귀비 닮은 아내의 가계부가 웃고
어영차 후렴에
외아들 관악구 대학 등록금
어기영차 희망이 파닥거린다
선체 기둥 알전구 지평선까지 대낮
곤히 잠든 어종 그물로 포위, 죄송한 마음
씨앗은 남겨 둔 만선이다
포구로 회항 하늘은 더 없는 쪽빛
배말뚝에 밧줄 걸리면
사십여 가구 잔치 날
바다 사나이 후회는 없다

우선 멈춤

밀물 차량 행렬이 낯선 삼거리
우두커니 서서
주머니 속 기동력 잠자고 있는 면허증
도로를 달리기엔
절친 관절이 예고한 정지 신호다

썰물 따라 흔들리는 조각배처럼
유난한 폭염에 소멸한 자아
방향타 없이 떠나고 싶은 홀로 여행
한적한 동해안 월포를 지나
발이 닿은 연잎 펼쳐진 주상절리
절경도 철썩대는 고음 파도의 노래도
밍밍한 하루에 간을 치는 포말이 따갑다

빛과 그림자

신라 지증왕 때
고구려 승려 아도화상이
503년에 창건한
격량을 거쳐 안주한 보성 대원사
비단 구름이
원통의 사찰을 중심으로 에워싼 산세
아름드리 빼어난 천 년 수목
탄복이 제대로다

시대를 예견한 보살
부러 찢어 입은 청바지
비우고 살자 그리고 채우자
인연 구제에 선지식
명경대가 두려운 중생 앞 목관은
언젠가 우리의 영혼마저 거두어 가리
현장 스님 달변 법문도 큰 성불이었다

태수 최치원

첩첩 산중 별님의 친구
망령 난 하늘 물탱크
연년이 도래하는 재앙의 홍수
누렁소와 꼬꼬닭 멍멍개
뼈아픈 이별 주저앉은 촌부
순수 열정
선구자가 없었다면
천재로 치루는 공포, 다 떠났을 거야

먼발치서라도 바라볼 수 있는 연인
화강암 쪼아 조각한 망부석
호미로 일군
뭇 행락객 치유 대자연 상림 숲
최치원이 이룬 자손만대 업적
우리는 세상에 무엇을 남기고 갈 것인가
곰곰 생각
방치한 과업 일으켜 세워야 겠다

성지로 74번길

울도 담도 없는 평화의 꼬부랑 경사길
병원 가시는 팔순 할머니 떠듬대는 지팡이
칠월 복에 겨울 작업복 어판장 장화 아저씨
놀랍게도 미래를 걸머진
허름한 책가방, 예쁜 여학생
같은 도로명 경제 불평등

가쁘게 내려오면 동네 가운데 골프 연습장
이끼 칠갑 담벼락, 재래식 변소 앞
객$_{客}$의 출현에도
왈왈 본분도 깡그리 잊고
쭈그렁 골프공에 정신 팔린 수캐 생각에
삿대질로 욕한 관청 골프장 허가
청석 목욕탕서 입을 박박 씻고
몇 굽이 돌면 번쩍거리는 1군 아파트
장마 알리는 예보
허접한 의분 폭우 시작이다

삼대의 통도사

꽤 흘러온 세월
막내동생 법정대 재학시절

부의 편견에 덧댄 사회적 소외
학벌 위주로 줄 세우기
몰아치던 민주화
평등 갈구로 거칠게 저항하다

어릴 때부터 남다른 용맹성과 의협심
지방 공무원 아버지 여망은 법관이었어
젊은 피 법전을 구겨 넣은 함성의 가방

부르튼 발로 공양미이고 할머니가 닦은 길
통도사 금강계단에 발원문을 내려놓다
부처시여 부처님이시여
귀로에 선 이 사내 이정표를 주소서

원시가 낙원

어김없이 찾아온 겨울
셋집 미루 복닥복닥 반가운 재회다
마음 심란할 때 꽃시장 소풍
간간이 사서 모은 동면 할 반려화
저마다 이름값의 친구들
생의 답을 일깨워 준 위안처였다

열흘 전 사찰 순례길에
와 이거다
잃어버린 사랑을 찾았다
나랑 살자며 봇쌈
풍광 멋진 습지 비로드 잔디 입은 괴석과
제주 부석 무리에 합방시킨 특출한 고란초
가공된 공간서 하루 이틀
부처님 미소가 뜨끔하게 황달로 죽어 간다
자연을 박탈한 배신
이기적 물욕 죄업 추가다

완벽은 불치다

해님 달님 산천 보고
자식 꽃길 위해 기도하는 어버이
태풍 후 모래밭 허둥 대며
분수껏 있는 힘 다해 끌었지만
너덜겅 내달리는 오작동 바퀴
능력 부재 길길이 항변도
다 태워 사그라지는 불씨

바라건대
누구네 집 자식인지 제대로 컸구나
이 말만은 꼭 듣고 살자 하기도 민망한 지천명
세상에 하고많은 인연 중에
맺어진 부모 자식
왜 억겁이라 했겠나

태생

할아버지 박하사탕과 한라산 한보루
이웃 통영산 중멸과 앗 효자손
파래김 한 톳, 이고 들고
서너 번 갈아타는 불편도 마냥 신난다
한우 정근 한 근이면 족한
솜털 구름 산꼭대기 피워 올리는 고깃국 연기
할아버지 생신 우애의 잔치

장독대 들머리 앵두 눈웃음
삼회장 한복 입고 큰 절 올리는
울 엄마처럼 새 첩어라

삽작 발등 아래 돌담 개울
하얀 돌단풍 꽃진 자리
방아깨비 쿵더쿵 제부 떡메치기
풀무치 가재도 종종걸음

문동 별곡

이승 마지막
가족 임종 손사래
꽃상여 없이
비닐봉지에 싸인 채 화장되는 통한
무자비한 저승사자 대목 코로나
눈치 없는 산천 봄날은 주삿바늘 거절
파릇한 젊음을 과시한다
청정
문동 계곡 천 년 백삼 옥수는
쉼없는 본분
벽력 지존 품어 안고
동쪽으로 둥글게 흘러간다

붕어 방생

기와집 공터에 입동이 달음 오면
대봉나무 우듬지 마지막 잎새
군짓 없이 순리대로 작별하고

동네 모퉁이 부직포 가설 집 붕어와 잉어가 산다
종일 화덕을 안고도 미소 만개한
미간이 넓은 조련사
팥 뭉텅 넣은 만삭 배불뚝이
비늘 털어 낸 노릇한 유혹에
덥석 후 후 한 입 베물어

방과 후
천하 대감 아버지 김치전 재촉에
어머니 식용유 심부름 길
뽀옥뽀옥 붕어 거스름 꿀꺽 한순간
두 팔 치켜들고 용서 빌던
지금 그 눈물 참 행복했었다

동해 연가

한파 속
혹한 겨울 지레 움츠리지 말고
새해
우렁찬 개막
환희의 날개 쫙 펼쳐
우리 동해로 힘차게 비상하자
출항 한 주
난폭 파도, 어류와 사투 조업은
가족 책임 행복 지렛대
사나이 인감도장이다
오랜만에 풍어
어판장에 부려 놓은
귀어 밀복 곰치 대구
어둑새벽 주문진항은 북새통
내작은 도시 비전을 할퀸 파업
몽매한 어제의 과음
응어리 확 풀어주는 곰치 한 뚝배기
어기영차 사는 게 별거더냐
둥기 영차 건강이 보배다

미로

언제까지 부모 원망 세상 편견
금쪽같은 하루
허송세월로 낭비할 것인가
거창한 남 얘기에 현혹, 따라나서지 말고
결기로 내 길을 개척
미적대지 마
시간은 기다려 주지 않아
최고는 못돼도 최선은 다해야지

예고 없는 회오리 접싯물에 빠져
보호자도 당시는 돌파구가 난감했어
주저앉아 방목한 무책임
치르고 난 뒤 때늦은 후회
되 올 수 없는 길이었다
먼저 간 발자국 부러워 말고
바지춤 치켜 신발 끈 꽉 조여
홀로서기다
운명은 제각각이니까

꿈은 진행 중이다

우환 뭉텅이 덥석 안기길래
어라 겁도 없이 내가 누군 줄 알고
철길 다리 젤 깊은 웅덩이에 풍덩 처박았다
높은 만큼 솟구치는 물보라
손을 탈탈 털고 크게 웃었다
건너편 큰 나무 그늘
발육 만만해 진딧물에 포위된 고갱이
심장을 파먹는 독충이 꼬인다
버거운 짐 끝없어 훌훌 벗고파
저수지 상판에 퍼질러 앉았다
무거운 사연 덮어쓰고
내려다 보는 시퍼런 못 물

아프지 않고 명약 처방받나
객석에서 지켜보던 일몰
기립 응원에 문진을 흔든다

백 년 일기

치마 걷고 쪼그려 앉아
소꿉놀이하던 제비꽃 피는 동산
그 아이
머쓱해 하며 풀잎 뜯어 건네던 하얀 손
산 열매 따다 곱게 짓찧어
밥상 차리며 깔깔 노을빛 물던 얼굴
참꽃 활짝 핀 오솔길
꽃잎 따며 기다리고 있을까

땡그랑 철길 건널목 모시올 찐빵집
묵직한 사기 컵 보리 찻물 받아 놓고
아직도 하염없이 기다리고 있을까
눈치챈 딸 부잣집 엄마가
돌쩌귀에 걸쳐 놓은 참나무 작대기 겁나
큰 눈이 퉁퉁 붓도록 울다
기다림 잊으려 삼백까지 세다 잠이 들었지
지금 어딨어
엄마도 별 따라가시고 시간도 넘쳐
참 많이 보고 싶다

사랑의 잔해

내게 사랑은 무지개였어
그리고 사랑은 유능한 설계사였지
삶의 전부인 사랑은 원대한 희망
무형의 사랑 묘약이었다
이별 후 사랑은 달콤한 독약
겨우 배꼽 여문 가여운 새
차마 삼킬 수가 없었어
사랑, 한때 가늠치 못할 이정표
살처럼 가는 이생 태생적 운명
끝내는 길을 따라 걷게 되더라

아직
늦지 않다

이도연 제4시집

발행일 | 2024년 11월 20일

지은이 | 이도연
펴낸이 | 최장락
펴낸곳 | 도서출판 두손컴
주　소 | 부산광역시 부산진구 부전로 35, 301호(부전동, 삼성빌딩)
전　화 | (051)805-8002 팩스 : (051)805-8045
이메일 | doosoncomm@daum.net
출판등록 제329-1997-13호

ⓒ이도연 2024
값 15,000원

ISBN 979-11-91263-88-6　03810

* 저자와 협의에 의해 인지를 생략합니다.
* 잘못 만들어진 책은 바꾸어 드립니다.

본 도서는 2024년 부산광역시, 부산문화재단 〈부산문화예술지원사업〉으로 지원을 받았습니다.